AF298947

NOTICE SUR FRESNES

Canton de Claye

ARRONDISSEMENT DE MEAUX

PAR

M. TH. LHUILLIER,

Extrait du Bulletin de la SOCIÉTÉ D'ARCHÉOLOGIE, Sciences, Lettres et Arts,
du département de Seine-et-Marne.

MEAUX

TYPOGRAPHIE DE J. CARRO, RUE DE LA JUIVERIE, 1

IMPRIMEUR DU BULLETIN DE LA SOCIÉTÉ

1873

NOTICE SUR FRESNES

Canton de Claye

ARRONDISSEMENT DE MEAUX

PAR

M. TH. LHUILLIER,

Secrétaire-Général de la Société.

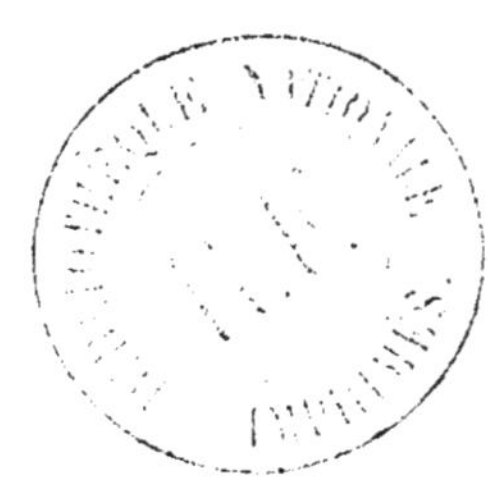

MEAUX

TYPOGRAPHIE DE J. CARRO, RUE DE LA JUIVERIE, 1

1873

NOTICE HISTORIQUE SUR FRESNES

Canton de Claye, arrondissement de Meaux,

PAR M. TH. LHUILLIER,

Secrétaire général de la Société.

On passerait sans s'arrêter devant Fresnes, modeste commune du canton de Claye, à l'aspect pittoresque pourtant, au territoire bien cultivé et baigné par la Beuvronne, par la Marne et par le canal de l'Ourcq, si cette petite localité ne réveillait le souvenir d'un grand nom.

Là s'élevaient autrefois un château superbe, une chapelle chef-d'œuvre de Mansart ; et ce château, cette chapelle ont appartenu à l'une de nos gloires nationales les plus pures, au chancelier d'Aguesseau.

En faut-il d'avantage pour captiver l'attention, pour inspirer l'idée de rétablir un instant le passé oublié de ce village de moins de 400 âmes ?

Paroisse de 50 feux à peine au dernier siècle, elle s'étendait sur onze cents arpens et se rattachait au bailliage de Meaux sous le rapport judiciaire, au doyenné de Claye pour la juridiction ecclésiastique ; ses dîmes se partageaient entre le seigneur, la fabrique et le curé du lieu, le grand prieur de France de l'ordre de Malte, (à cause des dépendances de Choisy-le-Temple) et les grands chapelains de la cathédrale de Meaux.

La terre seigneuriale de Fresnes, agréablement assise à trois lieues de Meaux, vers l'ouest, et à sept lieues seulement de la capitale, était recherchée si nous en jugeons par la qualité et la richesse de ses possesseurs. Ce qui la recommandait surtout, c'était la beauté du château, l'ordonnance de ses constructions, l'agrément de ses jardins descendant jusqu'à la Marne, dessinés avec goût, abondamment arrosés et ornés de plantations séculaires.

Tour-à-tour châtellenie, baronnie, comté, marquisat, pendant les trois derniers siècles, le château de Fresnes conférait à son possesseur tous droits de justice dans une circonscription étendue, sauf appel au châtelet de Paris.

A côté du château s'élevaient modestes, mais assez régulièrement alignées, les maisons des vassaux, heureux sans doute sous des seigneurs comme d'Aguesseau, et l'église paroissiale dédiée à St-Sulpice, chétif monument moderne, desservi aujourd'hui par un pasteur voisin, le curé d'Annet. Le clocher carré, présentant de tous côtés ses ouïes béantes, s'annonce dans le paysage par des ornements en briques rouges qui tranchent sur le reste de l'édifice. Cette église a remplacé un monument, sinon remarquable, du moins de style ogival du xiiiᵉ siècle, car un titre de 1250 en fait mention. L'église de *Fraxini* est également citée dans le pouillé du diocèse de Meaux dressé en 1363.

Dès la fin du xiiᵉ siècle Drocon ou Dreux de Fresnes et Marie d'Ozoir cèdent, avec Henri de Berron, écuyer, et Mathieu de Compans, à l'Hôtel-Dieu de Paris, des biens et des dîmes qui leur appartiennent à Thieux, Compans et Villeneuve-sous-Dammartin. Peu de temps après, au mois de décembre 1201, Dreux de Fresnes vend encore au même établissement hospitalier moitié de sa dîme de Thieux, amortie par Guillaume d'Aulnoy, sénéchal de Dammartin. (1)

En 1253 un Jean de Fresnes est cité par Dom Duplessis, historien du diocèse de Meaux.

Ici l'on perd de vue, pendant une certaine période, cette petite localité, qui fut alors dotée de son premier château féodal, remanié et agrandi dans la suite.

Au xvᵉ siècle le manoir de Fresnes est mentionné dans un testament reçu par le curé du lieu, François Leclère, qui, cent ans plus tard, eut pour successeur une célébrité. La réforme prenait naissance dans le pays Meldois, et l'évêque Guillaume Briçonnet attirait autour de lui des prêtres instruits, distingués, habiles prédicateurs, mais tolérants en face de l'éclosion des idées nouvelles ; Pierre Caroli, l'un de ces prêtres, chanoine de Sens et savant théologien, fut placé successivement à la cure de Fresnes, puis à celle de Tancrou.

Caroli avait obtenu dans les églises de la capitale des succès oratoires « *malgré les puissances,* » selon l'expression consacrée par l'auteur de l'histoire de l'église gallicane ; dans le diocèse de Meaux, sa parole ne déplut pas moins au clergé séculier qui intrigua contre l'évêque et les nouveaux prédicants. Des démêlés graves s'en suivirent, et, à la suite d'un procès en forme, Caroli, Jacques Le-

<hr>

(1) Arch. de l'Hôtel-Dieu de Paris.

febvre, Girard Roussel et quelques-uns de leurs confrères furent décrétés de prise de corps en 1525. François Ier, alors prisonnier en Espagne et néanmoins informé de ces démêlés, n'y prit part que pour contenir le zèle du parlement, il ordonna de suspendre la procédure, et Caroli, maintenu en liberté, dut pourtant quitter le pays Meldois.

En 1547 le seigneur de Fresnes qui possédait aussi la terre d'Isles-lès-Villenoy et le fief Le Boulanger, dans la prairie de Condé-Ste-Libiaire, rendit hommage de ce dernier fief à Jean Thiboust, seigneur de Voulangis ; trois ans après, le 10 juillet 1550, Henri II, lui fit l'honneur de s'arrêter dans son château, où les rois ses successeurs devaient revenir à plusieurs reprises dans la suite. (1)

Fresnes appartenait alors à Florimond Robertet, conseiller d'État et des finances du royaume.

Bientôt, Marie Robertet, sœur de Florimond et épouse d'André Guillard, lui succède ; dans l'hommage qu'elle rend au roi, le 14 octobre 1574, de sa terre et haute justice de Charmentray, elle est qualifiée dame de Fresnes. (Archives nationales, P. 16 ; 402e pièce).

La ligue et les troubles qu'elle fit naître dans la contrée se mêlent douloureusement à l'histoire du village dont nous nous occupons.

Les ligueurs et les royalistes viennent tour-à-tour envahir les maisons et mettre les habitants à contribution ; les premiers s'emparent du château, arrachent les armoiries de France de la chapelle qu'il souillent odieusement. « Les soldats, au rapport de Dom Duplessis (histoire de l'église de Meaux, p. 388), n'eurent point d'autre privés pendant le temps de leur séjour. »

L'Estoile raconte aussi le fait avec quelques détails. D'après lui le chevalier d'Aumale, Claude de Lorraine, abbé commendataire du Bec et de Saint-Faron de Meaux, ligueur effréné, colonel général de l'État et couronne de France, qui joignait le caractère religieux à des habitudes de débauche, se rendit, au mois de février 1589, de Poissy au château de Fresnes, appartenant à M. d'O, l'un des plus zélés partisans de la royauté. Là, il fit tuer en sa présence huit soldats et ordonna un pillage complet des meubles qui s'y trouvaient. Etant entré dans la chapelle enrichie de beaux orne-

(1) Itinér. des rois de France. — Pièces fugit. pour servir à l'histoire de France ; Paris, 1789.

ments, des armes du roi et de tableaux des plus grands maîtres, il aida à mettre tout en pièces, et ses satellites ne se retirèrent qu'après avoir souillé la chapelle de leurs immondices (1).

C'est là que se trouvait en effet le chevalier d'Aumale, à la tête d'une troupe de ligueurs, quand il apprit que son secrétaire Simon Poncet, poëte satirique, originaire de Melun, se faisait condamner à la potence, — dit encore le chroniqueur L'Estoile (2), pour les voleries et pilleries auxquelles il s'était livré au nom de son maître. D'Aumale tenait à son secrétaire, il prit la poste, de façon à gagner Paris le 27 février, assez à temps pour sauver Poncet, qui put, dans la suite, livrer à la publicité un petit recueil de ses vers, aujourd'hui recherché des curieux.

De 1589 à 1605, Jacques et Philippe Canaye prennent le titre de seigneurs de Fresnes, à raison de certains fiefs, tout à fait secondaires, mais ils ne possédèrent pas le château, qu'habitait en 1589-1594 François, marquis d'O, seigneur de Maillebois, maître de la garde-robe de Henri III, gentilhomme de la chambre, surintendant des finances, gouverneur de Paris et de l'Ile-de-France.

Celui-ci fit à Fresnes des travaux importants, et nous voyons par une gravure de Claude Chastillon qu'il appelait son domaine Fresnes d'O (3). Israël Silvestre, au pied d'une de ses estampes, attribue même la construction du château à François d'O. Ce seigneur, qui portait « d'hermines au chef dentelé de gueules, » mourut au

---

(1) *Mém. de L'Estoile.* — M. Chautard; *Notice sur Claude de Lorraine dit le chevalier d'Aumale*; Nancy, 1872.

(2) *Journal du règne de Henri III.* — *Preuves de la satire Ménippée*, édition de 1752, t. 3, p. 333.

(3) On connaît un certain nombre de gravures anciennes se rattachant à Fresnes; nous citerons :

I. Fresnes — Dav (d'O) maison magnifiquement bastie, gravée par Claude Chastillon.

II. Veüe du château de Fresnes, bâti par Messire Francois d'O, chevalier des ordres du roi, gouverneur de Paris, et appartenant à présent à M. Hennequin, conseiller au Parlement; gravure d'Israël Silvestre.

III. Château de Fresnes, deux gravures de Mérian, du xviie siècle.

IV. Veüe et perspective de Fresnes, du côté du jardin, appartenant à M. de Guénégaud; — Pérelle, fecit (grand in-8° en largeur, avec blason).

V. Fresnes, veüe et perspective du côté des jardins; gravure d'Israël.

VI. Plan de la chapelle du château de Fresne, à Mgr d'Aguesseau; Mariette, excudit.

VII. Coupe et profil de la chapelle; Chevotel, del.; Blondel sc. (2 planches).

VIII. Coupe et profil id. ; par Mariette.

IX. Chapelle de Fresne (très-petite gravure avec plan au-dessous).

mois d'octobre 1594, sans laisser d'enfant légitime. Sa terre passa
à Jacqueline d'O, fille de Charles, seigneur de Baillet, laquelle
épousa en premières noces Pierre de Morais, et en secondes noces,
le 11 avril 1609, Charles d'Harcourt, comte de Croisy. Dès les
premières années du xviiᵉ siècle, sans doute à la mort de Pierre
de Morais, Fresnes fut vendu à Jean Forget, baron de Maflée,
président à mortier au parlement de Paris, qui le laissa à Pierre
Forget, son frère cadet, sʳ de Veret et du Fau, chevalier des
ordres du roi.

Puissant par sa position et maître d'un honnête fortune, ce dernier entreprit dès 1608 de reconstruire son château, et fit preuve
d'un goût et d'un luxe peu communs. Il réédifia aussi l'église
paroissiale, mais avec autant de simplicité qu'il avait mis de ma-
gnificence à décorer sa propre habitation.

P. Forget était un homme habile, généreux, estimé. Généalo-
giste de l'ordre de Saint-Michel, secrétaire des finances, ambassadeur en Espagne, puis secrétaire dÉtat et intendant des bâtiments, il aimait les lettres, les arts qu'il protégeait, et cultivait
même la poésie avec succès. Henri IV l'ayant chargé de rédiger le
fameux édit de Nantes, c'est dans sa demeure de Fresnes qu'il s'y
consacra de concert avec le ministre protestant David Chamier.
Forget recevait grande société ; le 25 août 1596, il célébra dans
l'église de Fresnes le baptême de sa fille Gabrielle, dont le parrain
fut son allié Honorat de Beauvilliers, comte de Saint-Aignan, et
la marraine « noble dame Gabrielle, marquise de Montceaux. »
(Registres de l'Etat civil de Fresnes). Au mois de septembre suivant, on baptisait encore chez lui une fille de Messire Etienne
Forget, conseiller du roi, trésorier général de l'artillerie ; cette
enfant eut César de Vendôme, fils légitimé de Henri IV, pour parrain, et pour marraine encore la belle Gabrielle d'Estrées, repré-
sentés cette fois par Philippe de Campagnol et Isabelle Babou,
marquise d'Escoubleau de Sourdis.

Un autre baptême inscrit en 1606 sur les registres de la paroisse
nous donne le nom de noble homme Jacob... trésorier général de la
maison de Messire Pierre Forget, secrétaire de la chambre du roi.

Le seigneur de Fresnes mourut le 22 avril 1610, à 66 ans, du
chagrin que lui fit éprouver le meurtre du Béarnais. Pierre
L'Estoile, dans son Journal, constate l'inhumation de Pierre Forget,
le samedi 24 avril 1610. « Il est mort riche de trois cent mille écus,
remarque le chroniqueur, contre l'opinion de la plupart qui ne
pensaient pas, vu la grande despense qu'il faisoit, estant excessif

en tout et si somptueux en meubles qu'il avoit des licts tout d'ébesne, qu'on lui en dût trouver la moictié. Mais des gens de son mestier, on n'en voit pas mourir pauvres. » (1).

Sa veuve, Anne de Beauvilliers de Saint-Aignan, conserva la jouissance de la châtellenie de Fresnes et, par contrat du 24 février 1628, fonda une chapelle dans l'église paroissiale avec une messe basse hebdomadaire pour le repos de l'âme de son époux.

Cinq ans plus tard, Anne de Beauvilliers fit don de son domaine, en y joignant la terre d'Olivet, à François de Beauvilliers, pair de France, lequel laissa ses biens, trois ans après, à François, son fils, qui fut aussi pair de France, devint premier duc de Saint-Aignan et mourut le 16 juin 1687.

Dans cette période se produisent incidemment un vicomte et un baron de Fresnes : Henri-Catherine Bazin, chevalier, vicomte de Fresnes, rend hommage de son fief de Breuil à l'abbé de Lagny ; il était bailli de Soissons et avait épousé une fille du gouverneur de Meaux, Vespasien Grangier, gentilhomme ordinaire, seigneur de Montceaux, Chalifert et Jablines. En 1656, nous voyons un des seigneurs de Gesvres, Bernard Potier, se qualifier baron de Montjay et de Fresnes, seigneur engagiste de Dammart.

La terre de l'ancien secrétaire d'Etat fut achetée, à la mort du duc de Saint-Aignan, par Henri de Guénégaud du Plessis, marquis de Plancy, comte de Rieux et de Montbrison, s^r du Plessis-Belleville, qui signala son passage par l'adjonction de deux ailes et de pavillons au superbe château élevé par Pierre Forget.

Guénégaud marié à Elisabeth de Choiseul du Plessis-Praslin, le 23 février 1642, devint également secrétaire d'Etat. C'est chez lui que, le 9 décembre 1653, Louis XIV s'arrêta pour dîner, se rendant de La Ferté-sous-Jouarre à Paris (2). Par son testament (7 septembre 1672) Guénégaud a légué 100 livres par an à la fabrique pour les deux messes fondées par Anne de Beauvilliers, et dont les revenus ne se payaient plus.

Roger de Guénégaud, son parent, mestre de camp au régiment de Royal-Cavalerie, mourut le même jour 7 septembre 1672, au château de Fresnes, alors dans toute sa splendeur et que nous essayerons de décrire.

On y arrivait par une avenue de plus de 1,500 toises, plantée de quatre rangs d'arbres, aboutissant au grand chemin de Meaux

---

(1) Collection Petitot, t. 48, p. 113.
(2) Itin. des rois de France.

d'un côté, à la Marne de l'autre ; aux deux tiers de l'avenue, dit d'Argenville (Voyage aux environs de Paris), se trouvaient deux gros pavillons et une belle allée avec deux terrasses, pour entrer dans une avant-cour entourée de murs, séparés par des grilles donnant sur les potagers et sur d'autres avenues qui sillonnaient le parc à perte de vue.

La droite de l'avant-cour se trouvait occupée par les basses-cours et par un potager de 20 arpents, planté d'espaliers, parmi lesquels un seul au midi prenait une étendue extraordinaire. A gauche étaient le jardin, les bosquets et quinconces, le parc où des points de vue avaient été ménagés, avec une étoile de huit allées au milieu. Ce parc, de près de 300 arpents, bordé au levant par l'avenue d'arrivée, au midi et au couchant par des canaux et des terrasses, était circonscrit au nord par la Beuvronne et par une pièce d'eau de 3 arpents couronnant le grand parterre. Des bassins à fleur de terre l'entouraient, accompagnés de cinq cloîtres de pré plantés d'arbres séculaires.

A la jonction des fossés du château avec ces pièces d'eau, deux nouveaux canaux s'ouvraient à droite et à gauche ; l'un d'eux, de 500 mètres, reportait ses eaux à la rivière, à l'extrémité du domaine. Sur la droite du parterre tournait un moulin ; au-delà, une garenne de 45 arpents et des plaines parsemées de remises variaient le paysage.

Les bâtiments seigneuriaux et les parterres occupaient une île, baignée de fossés revêtus et de ruisseaux factices alimentés par la Beuvronne.

La cour, formée d'un corps de logis avec six pavillons, dont quatre dûs à François Mansard, était vaste, accompagnée de grandes ailes terminées par deux autres pavillons.

Le château, d'après la description donnée par l'almanach de Meaux quelques années avant la révolution, était décoré de trois ordres d'architecture. Deux colonnes doriques s'élevaient de plusieurs marches sur le perron, au milieu s'ouvrait une porte, accompagnée de deux figures sculptées, placées dans des niches.

Les deux côtés de la fenêtre principale étaient ornés d'une colonne et surmontés d'un petit fronton, avec entablement coupé. Sur ce second ordre rustique régnait une balustrade de pierre, interrompue par cinq piédestaux. La fenêtre décorée de deux pilastres surmontés d'un grand fronton en arc, se terminait par un campanille.

Les deux gros pavillons qui s'avançaient aux ailes du château, étaient flanqués à leur extrémité d'une tour ronde engagée dans le vif du bâtiment.

Enfin, les deux petits pavillons, aux angles rustiques, s'avançaient plus que les tours.

A l'intérieur :

Le vestibule se faisait remarquer par ses colonnes doriques, au fût chargé de listels, rappelant celles des Tuileries. A droite se trouvait l'escalier, à gauche une salle à manger d'où l'on sortait par un autre vestibule sur une terrasse, suivie d'un grand parterre terminé par une allée en trompette. Cette allée, plantée de quatre rangées d'arbres, se poursuivait sur 500 toises jusqu'à un rond-point réunissant les deux terrasses et fermant le parc du côté du midi.

Les cuisines, l'office, les salles du commun et les caves occupaient l'étage souterrain.

Au premier étage, un grand appartement régnait sur la moitié du château. On y entrait par une salle des gardes et une seconde antichambre, suivie d'une galerie tenant à l'aile gauche du bâtiment et aboutissant à un salon orné de glaces. Les plafonds en dôme étaient enrichis d'arabesques. A droite de l'antichambre, le grand salon d'hiver avait sa cheminée surmontée d'une glace *en enfilade de la galerie*, dans laquelle venaient se reproduire les paysages de l'extérieur.

Le surplus du château renfermait vingt-six appartements de maîtres, des mieux disposés et décorés par des artistes, au nombre desquels on ne connaît guère aujourd'hui que François Périer, dit le Bourguignon, mort en 1650.

Nous arrivons à la chapelle, substituée à l'un des pavillons, et qui passait à juste titre pour un chef-d'œuvre d'architecture. D'Argenville l'a décrite tout particulièrement. On sait par quelle circonstance François Mansard, qui avait déjà construit le château de Gesvres dans le voisinage, fut amené à produire la magnifique chapelle de Fresnes. Choisi par Anne d'Autriche pour exécuter le Val-de-Grâce, à Paris, dont il prépara les plans, puis remplacé lorsqu'il eût élevé cet édifice jusqu'à la grande corniche intérieure, il voulut mener à fin sa conception. Piqué de la préférence que la reine accordait à ses compétiteurs, l'artiste résolut de faire ressortir à la fois son propre talent et l'insuffisance de ceux qui l'avaient supplanté, en réalisant à Fresnes la construction qu'il avait conçue pour le Val-de-Grâce. Il l'exécuta en effet, en 1647, au tiers de la grandeur de son premier projet et avec un succès qui fit accorder à la chapelle de Fresnes une supériorité marquée sur l'édifice parisien.

La décoration intérieure n'était pas moins soignée.

L'autel représentait le tombeau de la Vierge ; de chaque côté, ajoute une ancienne description, un ange debout, bien drapé, tient une corne d'abondance destinée à recevoir les cierges. Sur l'autel, un baldaquin soutenu par des colonnes composites, surmonte quatre apôtres qui regardent dans le tombeau et paraissent surpris de le trouver vide ; l'un d'eux indique du geste que la mère de Dieu est montée au ciel. Le baldaquin était chargé de trois anges tenant une guirlande de fleurs, deux autres plus élevés accompagnaient la croix. Toutes ces figures, modelées par Girardon, auraient été reproduites en marbre si la disgrâce de Henri de Guénégaud n'eût mis obstacle à la réalisation de ce projet.

« L'ordre corinthien, continue l'auteur de la description que nous suivons, règne dans l'intérieur du dôme, dont les pendentifs reproduisent quatre tableaux de Lebrun : David jouant de la harpe, Notre-Seigneur au jardin des Oliviers, saint Mathieu et une sybille. Dans la coupole, au-dessus de l'autel, la Vierge s'élève vers le ciel et le Père Eternel étend les bras pour la recevoir.

Sur l'entablement porté par des consoles accouplées, sont encore placées, à l'aplomb des pendentifs, quatre groupes d'anges tenant des fleurs.

Le dôme jusqu'à la calotte forme un attique orné de pilastres accouplés, et les quatre petites tribunes ménagées dans les piliers servant de supports charment par leur bon goût, leurs proportions et la délicatesse de leur sculpture. »

Deux arcades de la petite nef précédant la coupole ne le cédaient en rien à celles du Val-de-Grâce, non plus que les petits plafonds des chapelles auxquelles elles servaient d'entrée.

Au-dessus de la porte était une table surmontée de deux lions pour accompagner un œil de bœuf.

Plus haut, enfin, un aigle au milieu d'une coquille, soutenait une petite tribune en voussure.

Tels étaient en détail les édifices qui s'élevaient à Fresnes au temps de Henri de Guénégaud, alors que Louis XIV s'y arrêta une seconde fois, le 29 juin 1659, allant coucher à Claye. Enveloppé en 1661 dans la disgrâce du surintendant Foucquet, dont il était l'ami, Guénégaud vint oublier dans son domaine les injustices de la Cour et mourut le 16 mai 1676 ; quinze mois plus tard

(9 août 1677) sa veuve le suivit au tombeau et la terre de Fresnes passa aux mains de l'opulente famille Hennequin.

C'était une bonne maison de Paris, à propos de laquelle on rapporte un dicton qui n'admet pas de « pauvres Hennequin, » mais qui ajoute aussi qu'ils étaient « plus fols que coquins. »

André, l'un d'eux, marquis d'Ecquevilly, Fresnes, Bonafle, s^r de la Muette, Vérigny et Presle, se qualifiait capitaine-général des toiles de chasse, tentes et pavillons du roi en 1688.

Vint ensuite Pierre Hennequin, conseiller au parlement, marquis de Fresnes, que la chronique présente comme une espèce de fou, donnant ainsi raison au dicton ; marié à Marie-Elisabeth Girard du Tillay, il aurait cédé sa femme à un corsaire nommé Gendron, si l'on en croit la méchante langue de Tallemant des Réaux. Gendron, qui se fit moine dans la suite, eut lui-même d'autres aventures singulières dont Sandras des Courtils a agrémenté ses *Mémoires du marquis et de la marquise de Fresnes.* Mais avons-nous besoin de le dire, il ne faut attacher qu'une médiocre créance aux récits du romancier Sandras des Courtils ; ce qui est plus positif, c'est que Hennequin s'empressa de vendre Fresnes au duc de Nevers, Philippe-Julien Mancini-Mazarini.

Les mémoires de l'abbé Ledieu sur Bossuet nous apprennent qu'en 1695 ce nouveau seigneur fit les honneurs de son château à Madame de Montespan, retirée de la cour et se rendant à Germigny chez l'illustre prélat, avec sa sœur l'abbesse de Fontevrault. Le duc de Nevers et la duchesse, nièce de l'ancienne favorite, accompagnèrent les deux visiteuses.

Ce neveu de Mazarin, bel esprit qui devait surtout au crédit de ses deux sœurs la faveur dont il jouissait à la cour, mourut à Paris le 8 mai 1707.

Le 7 avril 1708 le futur chancelier d'Aguesseau (1), alors avocat général, acquit Fresnes de la succession du dernier possesseur ; il y vint coucher pour la première fois (d'après l'abbé Ledieu) le samedi 28 avril suivant, pour en repartir le 2 mai. L'acquéreur joignit à cette terre le comté de Compans, le marquisat de Vincy-

---

(1) Le chancelier signait Daguesseau, sans apostrophe, quoique son nom fut réellement d'Aguesseau, comme l'écrivait son père, Henri, intendant de Bordeaux. Le petit-fils, dernier du nom, signa sous la révolution Daguesseau ; j'ai cependant vu aussi des signatures portant : le marquis d'Aguesseau (1815-17). M. Jal (*Dictionnaire critique d'histoire et biographie*) a fait cette remarque qu'à l'acte d'inhumation de l'épouse du chancelier, dressé à Auteuil le 1er décembre 1735, les quatre fils signèrent sans apostrophe *Daguesseau.*

Manœuvre, la seigneurie de Précy et plusieurs flefs voisins. Il se plaisait dans ce lieu retiré, aux grands ombrages, aux spacieux appartements qui abritèrent tour à tour les illustrations de deux grands siècles.

Dès la fin de mai d'Aguesseau y était installé avec sa famille; Ledieu y rencontra M. d'Ormesson, intendant de Soissons, l'abbesse du Pont-aux-Dames, sœur de Madame d'Aguesseau, Madame la présidente de Quincy et d'autres encore.

Ailleurs, l'ancien secrétaire de Bossuet nous montre le cardinal de Bissy, devenu évêque de Meaux, visitant le procureur général et le recevant assez fréquemment au palais épiscopal (19-20 septembre 1708, 16 juin 1709, 31 mars, 16 août 1712, etc).

Louis Racine, le fils de l'auteur d'Athalie, protégé par d'Aguesseau, le suivit à Fresnes en 1718. Alors y vinrent aussi Gros de Boze, Maupertuis, ami des enfants du chancelier, et Romieu, leur précepteur. C'était l'heure de la disgrâce.

Dans cette retraite, comme Guénégaud, le chancelier revint deux fois exilé de la cour sous la Régence, pour s'être opposé au système de Law et pour avoir disputé la préséance du conseil au cardinal Dubois; c'est là qu'il put méditer et composer à loisir ses instructions à ses enfants et quelques autres écrits remarquables (1718-1722) (1).

Jurisconsulte éminent, magistrat modèle, homme d'Etat aussi intègre qu'habile, aussi instruit que modeste, excellent orateur, écrivain élégant, économiste, philosophe, érudit : on s'étonne que la vie d'un seul homme ait pu suffire à acquérir tant de connaissances; le caractère de d'Aguesseau n'était pas moins remarquable, et sa vie privée fut aussi noble que sa vie politique. On l'a appelé le Harlay et le Malesherbes de son siècle.

En 1718 et 1719, pendant son premier exil, on voit le chancelier et sa fille Claire-Thérèse tenir, sur les fonts de baptême de Fresnes, les enfants des gens au service du château; au mois de juillet 1719, le chancelier signe l'acte d'inhumation de son valet de chambre. A diverses reprises, en 1719, 1727, 1731, il offre des ornements d'église à la paroisse, et le curé prend soin de constater ces libéralités sur son registre.

D'Aguesseau appelait le temps de son séjour à Fresnes les beaux jours de sa vie. Ce fut là, en effet, comme le remarque le

____

(1) Voir la correspondance inédite de d'Aguesseau, publiée par D.-B. Rives, à l'imprimerie royale en 1823, 2 vol. in-8°, et presque toute datée de Fresnes.

docteur Pascal (*Histoire de Seine-et-Marne*), que tout ce qui excellait dans les lettres, dans les arts et dans les sciences vint rendre hommage à l'illustre exilé et puiser ses conseils ; en franchissant le seuil, le nonce Quirini, faisant allusion à l'attachement bien connu du maître pour les libertés de l'église gallicane s'écria : « Voici donc le lieu où se forgent les foudres contre le Vatican ! »

Les bibliophiles connaissent un discours sur la vie, la mort, le caractère et les mœurs de d'Aguesseau, conseiller d'Etat, écrit par le chancelier son fils, et imprimé à 60 exemplaires dans les bâtiments mêmes du château de Fresnes, en 1720 ; c'est un rare opuscule in-8° dont la bibliothèque de la rue de Richelieu possède un exemplaire en réserve.

Henri-François de Paule d'Ormesson, appelé au conseil pendant la retraite du chancelier, son beau-frère, venait lui demander ses inspirations. Un jour, le Régent ayant exprimé devant la cour le désir de connaître l'avis de l'exilé sur une affaire importante, tout le monde gardait le silence et tremblait de paraître lié avec un homme disgrâcié. M. d'Ormesson se leva et ne craignit pas d'annoncer qu'il partait le soir même pour Fresnes ; les courtisans virent là une grave imprudence, mais le régent qui s'en aperçut ajouta immédiatement : « J'aime mieux la franchise de M. d'Ormesson qu'une fausse prudence et de la dissimulation ; le caractère de M. d'Aguesseau, exilé ou non, est au-dessus de toute atteinte. »

Saint-Simon, dans ses mémoires, parle des visites qu'il rendait régulièrement deux fois dans l'année au seigneur de Fresnes. En 1722, il passa trois jours dans ce village et sa visite souleva des rumeurs à la cour, mais le noble duc s'en consola en songeant qu'elle avait fait « au chancelier un plaisir sensible » (tome XIX, p. 303). Le chroniqueur admire chez d'Aguesseau les talents, la vertu, le caractère, mais il signale aussi des faiblesses, il relève des défauts... « Avec un des plus beaux et des plus lumineux esprits de son siècle, dit-il, profondément savant, fait exprès pour être à la tête de toutes les Académies et de toutes les bibliothèques de l'Europe, et pour se faire admirer à la tête du Parlement, nul n'était plus incapable en fait de finance ; il n'entendait rien aux affaires d'Etat et n'avoit nulle connaissance du monde... Méticuleux, irrésolu, il ne savait pas prendre à propos une décision prompte. Une correction, une perfection trop curieusement recherchée dans tout ce qu'il veut qui sorte de sa plume, naturellement excellente, décuple son travail et tombe dans la puérilité... Il épuise l'art académique et se consume en des riens, tandis que l'expédition des affaires en souffre toutes sortes de préjudices. »

Mais qui peut se flatter ici-bas d'approcher de la perfection ? Quel tableau n'a ses ombres, quelle planète n'a ses taches ? La réputation du grand homme n'a rien à souffrir des confidences de Saint-Simon qui montrent simplement l'humanité telle qu'elle est, en faisant justice de cet idéal dont le temps se plaît à entourer certaines figures hors ligne.

D'Aguesseau ne fut pas de l'Académie française. Arsène Houssaye a pu le faire figurer dans sa charmante fantaisie littéraire intitulée *le 41e fauteuil* ; il n'a eu garde de l'oublier. « A distance encore, quel charme grave prend l'âme dès qu'on vient à parler de cette gloire sérieuse, délicate et d'un utile exemple, qui reste comme le commun patrimoine de la magistrature et des lettres françaises ! Magistrat et lettré, voilà tout le portrait de d'Aguesseau, l'ami de Racine, de Boileau, de Valincour, séduits par son infatigable ardeur d'apprendre, étonnés par son goût judicieux, qu'il va puiser aux sources mêmes de la meilleure antiquité...

Fontenelle, — raconte A. Houssaye, — fut consulté un jour par une dame fort en peine d'un précepteur pour son fils ; elle demandait que le maître put enseigner toutes les langues découvertes et à découvrir, et la métaphysique, et l'histoire, et la poésie, et l'algèbre et le reste. Fontenelle après avoir cherché longtemps, lui assura que le chancelier d'Aguesseau seul pourrait être un précepteur convenable pour un écolier qui en voulait tant apprendre.

En 1725, d'Aguesseau vivait dans sa retraite de Fresnes, et son fils aîné l'engageait vainement à faire quelques démarches auprès des princes. Mlle de Clermont, sœur du premier ministre, allait passer, avec une suite nombreuse, sur la route qui conduit à Meaux ; il eût pu la saluer au passage, et même la recevoir chez lui ; on lui fit des ouvertures à cet égard. — « Non, répond-il à son fils, dans des occasions pareilles il faut tout ou rien. Tout ne convient nullement à ma situation présente..... Je m'engagerais par là à faire les mêmes offres à tous les princes et princesses du même rang qui passeront par le grand chemin de Meaux. Il est vrai que M. le duc d'Orléans, qui y passera mercredi, va en poste ; mais, à la rigueur, cela me dispenserait-il de me trouver sur sa route ou de lui faire un compliment semblable à celui qu'on me propose ? Mme la duchesse d'Orléans passa l'année dernière, elle s'arrêta à Meaux et à Claye, sans entendre parler de moi. Suis-je assez bien traité par M. le duc pour mettre de la différence entre Mlle de Clérmont et Mme la duchesse d'Orléans ? Il me semble donc, comme à Mme la chancelière, que le seul bon parti est de ne point offrir ce que je ne suis pas en état de tenir et qu'il ne conviendrait pas même que je voulusse tenir... Qu'on fasse sentir à M. le duc et à Mlle de Clermont que ma situation m'oblige à garder le silence et à ne rien faire en cette occasion que de demeurer dans l'état obscur où l'on m'a mis. » (Lettre datée de Fresnes, le 20 juillet 1725).

Henri-François d'Aguesseau, né à Limoges, s'éteignit à 83 ans, le 9 février 1751 (1), laissant ses biens à son fils, Jean-Baptiste Paulin, doyen du conseil d'Etat, auquel succéda plus tard Henri Cardin-Jean-Baptiste d'Aguesseau, marquis de Fresnes, qui termina sa carrière le 22 janvier 1826, après avoir représenté la noblesse du bailliage de Meaux aux États-généraux, et rempli dans les temps les plus difficiles de modestes fonctions administratives à la satisfaction des populations briardes.

En 1775, Cardin d'Aguesseau n'ayant que 22 ans et déjà revêtu des titres de conseiller du roi en tous ses conseils et d'avocat général au Parlement, épousait Marie-Catherine de Lamoignon-Bâville ; son père lui donnait en mariage la seigneurie de Fresnes, avec la ferme et les fiefs en dépendant, la grange dixmeresse, plus « tous les tableaux et meubles du château, » la terre de Précy, celle de Compans, la ferme du Coq à Mitry, le marquisat de Vincy et Manœuvre. L'épouse apportait une dot de deux cent mille livres. Au bas du contrat furent apposées les signatures du comte de Provence, du comte et de la comtesse d'Artois, de Mesdames sœurs du roi, celles de Louis XVI et de la reine. *(Archives de Seine-et-Marne. Insinuations)*.

Nous devons, en passant, rectifier une erreur devenue en quelque sorte traditionnelle. Les biographes font naître au château de Fresnes, dont il prenait le nom, le dernier des d'Aguesseau ; nous regrettons de ne pouvoir le revendiquer comme notre compatriote car c'était un personnage distingué : tour à tour ambassadeur, président du tribunal d'appel de Paris, sénateur sous l'Empire et pair de France sous la restauration, il faisait aussi partie de l'Académie française depuis 1788. Son père, à la vérité, s'était marié deux fois dans ce village de Fresnes : le 1er mars 1736 à Anne-Louise-Françoise Dupré, de La Grange-Bléneau, et le 17 avril 1741 à Marie-Geneviève Le Bret, fille de l'intendant de Pro-

---

(1) Le 29 septembre 1749 était mort à Fresnes M. de Chastellux, petit-fils du chancelier.

vence (1). Cardin lui-même affectionnait ce séjour tranquille, où se conserve le souvenir de ses libéralités (2); mais il était né à Paris, paroisse Saint-Jean en Grève, le 25 août 1753. Son acte de baptême que nous nous sommes procuré lève le doute à cet égard (3).

Deux fiefs principaux existaient à Fresnes, à côté du château ; réunis presque toujours dans la main du seigneur, il n'y avait qu'une seule justice, à la tête de laquelle siégeait un prévôt.

L'église paroissiale très-modeste, est dédiée à Saint-Sulpice ; la première pierre en fut posée solennellement et bénite le 9 juillet 1608, par l'évêque de Meaux, M. de Vieupont, qui revint célébrer la dédicace le 1er mai 1615, ainsi que nous l'apprend Dom Duplessis. Il y a quarante ans se voyaient, à l'intérieur, des blasons, aujourd'hui effacés, restes de litres funèbres des d'O, des Beauvilliers, des Guénégaud, des d'Aguesseau : « d'hermines au chef dentelé de gueules, » — « fascé de six pièces, argent et sinople, l'argent chargé de six merlettes de gueules posées trois, deux et une, » — « de gueules au lion d'or, » — enfin, « d'azur à deux fasces d'or accompagnées de six coquilles d'argent, trois, deux et une. »

Les deux chapelles qui existaient au xviie siècle, dans l'église, étaient dédiées l'une à la Vierge, l'autre à Saint-Pierre ; la première, réunie en 1711 à la cure pour augmenter son revenu, fut

(1) Reg. paroiss. de Fresnes.

(2) La marquise laissa également une petite rente pour favoriser l'instruction primaire dans ce village. Testament du 1er février 1824.

(3) *Extrait des actes de naissance de la paroisse Saint-Jean-en-Grève.* — « L'an mil sept cent cinquante deux, le jeudi vingt-quatrième jour du mois d'août, a été baptisé Henri-Cardin-Jean-Baptiste, né le jour précédent au soir, fils de haut et puissant seigneur Jean-Baptiste-Paulin d'Aguesseau, chevalier, co^{er} d'Etat ordinaire, comte de Malligny, comte de Compans-la-Ville, seigneur de Fresnes et autres lieux, et de haute et puissante dame Marie-Geneviève-Rosalie Le Bret, son épouse, dem^t rüe du Grand Chantier, de cette paroisse. Le parein Cardin-François-Xavier Le Bret, chevalier, co^{er} du Roi en son conseil d'Etat et son avocat gnal au parlem^t, oncle maternel, dem^t rüe Pavée, psse St André des Arts. La mareine haute et puissante dame Catherine Delabourdonnaye, épouse de haut et puissant seigneur Henry-François de Paule Lefèvre d'Ormesson, chevalier co^{er} d'Etat ordinaire et au conseil Royal des Finances, Intendant des finances, dem^t place Royale, psse St Paul, qui ont signé et autres. »

« Le Bret, de la Bourdounaye-d'Ormesson, d'Aguesseau de Fresnes, d'Aguesseau de Compans, Daguesseau, Lebret de Celle, Lebret-Méliand, Malloin, vicaire. »

Il est trop tard, hélas ! pour vérifier de tels faits à Paris ; les incendiaires de 1871 ont détruit tous les actes anciens de l'état civil de la capitale. En faisant quelques recherches dans ce précieux dépôt, nous avons été assez heureux pour y recueillir certains renseignements utiles sur des personnages se rattachant à la Brie. Que n'avons-nous poussé nos recherches plus loin lorsqu'il en était temps encore !

abandonnée à cet effet par l'évêque d'Agen Poncet de la Rivière qui en était titulaire ; la seconde, à gauche du chœur, était celle qu'Anne de Beauvilliers de Saint-Aignan, veuve de Pierre Forget avait fondée en 1628. Cette dernière chapelle, à la présentation du seigneur, fut pourvue d'un titulaire jusqu'en 1790.

La cloche n'est pas ancienne ; elle porte l'inscription suivante :

« L'an 1761, j'ay été bénite par Mgr l'évêque de Meaux et nommée Anne par très-haut et très-puissant seigneur, Mgr J. B. Paulin Daguesseau de Fresnes, chevalier, conseiller d'Etat ordinaire, seigneur de Fresnes, et par très-haute et très-puissante dame madame Gabrielle-Anne de La Vieuxville, son épouse. M. Augustin Dalivost, curé ; Antoine Dubyé, marguillier, M. Plamart, receveur fiscal (1).

A la veille de la révolution, le marquis d'Aguesseau ornait encore sa demeure. Au mois de janvier 1788 il sollicite du directeur général des bâtiments du roi des copies en plâtre de deux statues exécutées aux frais du gouvernement par Goys et par Berruer, l'une représentant le chancelier de Lhospital, l'autre le chancelier d'Aguesseau. Le directeur présente la demande au roi le 20 janvier, en faisant observer que ces copies, destinées à la pièce principale du château de Fresnes, existent chez les deux sculpteurs et qu'il s'agit simplement de les perfectionner, c'est-à-dire d'une dépense de 2,000 livres. *(Archives nationales, O 1. 1924).* Nous ignorons la décision de Louis XVI.

Plus heureux que beaucoup d'autres, le château de Fresnes triompha de la révolution, sans avoir couru de sérieux dangers. Parmi les documents de l'époque que nous avons compulsés figure une délibération de l'administration du district de Meaux, du 8 frimaire an II, ainsi conçue :

« Considérant que la maison du citoyen Daguesseau est de moderne construction, sans pont-levis ni créneaux, mais que l'étendue des bâtiments et leur forme fastueuse, contraire à l'égalité républicaine, ne pourrait que rappeler l'affreux souvenir de la féodalité, estime que les deux pavillons de l'avenue, sur la route, seront rasés, avec la tour à l'angle du potager et les deux pavillons de l'avenue de face, à moins que le citoyen Daguesseau ne préfère en supprimer les combles, etc... le saut de loup sera rempli, les quatre pavillons en saillie seront abattus, etc. Le propriétaire

____

(1) Note due à l'obligeance de M. Charles Debeauvais, instituteur, qui m'a fourni plusieurs renseignements utiles.

fera mettre à part les métaux provenant de cette démolition, pour être employés au service de la marine et des armées de la république... »

On sent, à cette lecture d'un document contemporain de la Terreur, que les mesures de rigueur sont prises ici pour la forme et que les expressions mêmes sont adoucies par le respect qu'inspire le nom du possesseur.

En effet, tandis qu'à Auteuil on portait une main sacrilège sur la sépulture de sa famille, le marquis d'Aguesseau ne fut pas inquiété au milieu de ses anciens vassaux. Le 27 janvier 1793 il vendait la terre de Compans, mais son château existait encore intact il y a moins d'un demi-siècle, lorsqu'il le laissa, en mourant, à sa fille aînée mariée à M. le comte de Ségur.

La destruction de cette élégante demeure né se fit guère attendre. Vendue à des spéculateurs, on commença en avril 1828 à démolir les bâtiments d'habitation, la chapelle, puis on fit disparaître les magnifiques dépendances du domaine. Ce triste ouvrage dura deux ans. La pierre servit aux constructions locales ; à peine quelques ornements sculptés furent-ils recueillis par les voisins, et peut-on montrer deux belles cariatides au presbytère de Dammartin, deux bas-reliefs en stuc dans l'église de Jablines, représentant, dit-on, les cérémonies de la consécration de la chapelle édifiée par Mansart. C'est tout ce qu'on a sauvé.

Ainsi, le dernier jour du château suivit de près la chute de la seigneurie ; comme le reste, la magnifique chapelle est tombée sans pitié sous le marteau : les d'Aguesseau ont passé, mais il y a là un souvenir, Fresnes a un blason indestructible.

Un honorable compatriote constatait, il y a quinze ans, où en était la ruine des derniers vestiges de cette belle propriété : nous n'avons plus que l'allée de tilleuls de la principale entrée, écrit-il, un pavillon octogone et les murs de clôture de l'ancien parc de 150 hectares — où passe aujourd'hui la charrue ; des basses-cours on a fait une ferme ; dans les murs — alors encore couverts de lierre, démolis depuis, — on voyait s'ouvrir sur les diverses routes de grandes portes monumentales...

Plus rien ! Et pourtant on s'y rend toujours avec respect, on visite curieusement cette place déserte.

M. Victor Offroy avait raison : que la ruine envahisse le village de Fresnes, que l'abandon l'isole, peu importe ; pour ces lieux privilégiés qu'un d'Aguesseau illustra, le souvenir reste inaltérable quand le monument a disparu ; le temps qui s'est joué de l'homme respecte sa mémoire, le village où il vécut conserve toujours une sorte de prestige et l'on y revient comme pour contempler l'auréole qui s'attache à son nom.

9 782019 949525